天皇陛下にささぐる言葉

天皇陛下が旅行して歩くことは、人間誰しも旅行するもの、あたりまえのことであるが、現在ような旅行の仕方は、危険千万と言わざるを得ない。

真相」という雑誌が、この旅行を諷刺して、天皇は箒である、という写真をのせたのが不敬罪とか、告訴だとか、天皇自身がそれをするなら特別、オセッカイ、まことに敗戦の愚をさとらるも甚《はなはだ》しい侘しい話である。

私は「真相」のカタをもつもので、天皇陛下の旅行の仕方は、充分諷刺に値して、尚あまりあものだと思っている。

戦争中、我々の東京は焼け野原となった。その工場を、住宅を、たてる資材も労力もないといいときに、明治神宮が焼ける、一週間後にはもう、新しい神殿が造られたという、兵器をつくる場も再建することができずに、呆れかえった話だ。

こういうバカらしさは、敗戦と共にキレイサッパリなくなるかと思っていると、忽《たちま》ち、もう、この話である。

私のところへは地方新聞が送られてくるから、陛下旅行の様子は手にとる如く分るが、まったく天皇は箒であると言われても仕方がない。

天皇陛下の行く先々、都市も農村も清掃運動、まったく箒である。陛下も亦《また》、一国民として、何の飾りもない都市や農村へ、旅行するのでなければ、人間天皇などとは何のことだか、ワケが分らない。

朕はタラフク食っている、というプラカードで、不敬罪とか騒いだ話があったが、思うに私は、メーデーに、こういうプラカードが現れた原因は、タラフク食っているという事柄よりも、朕という変テコな第一人称が存在したせいだと思っており、私はそのことを、当時、新聞に書いた。私はタラフク食っている、という文句だったら、殆《ほとん》ど諷刺の効果はない。それもヤミ屋かなんかを諷刺するなら、まだ国民もアハハと多少はつきあって笑うかも知れないが、天皇を諷刺して、私はタラフク食っていると弥次ってみたところで、ヤミ屋でもタラフク食っているのだもの、ともかく日本一古い家柄の天皇がタラフク食えなくてどうするものか、国民が笑う筈はない。これが諷刺の効果をもつのは、朕という妙テコリンの第一人称が存在したからに外ならぬのである。

朕という言葉もなくなり、天皇服という妙テコリンの服もぬがれて、ちかごろは背広をきておられるが、これでもう、ともかく、諷刺の原料が二つなくなったということをハッキリとさとる必要がある。

人間の値打というものは、実質的なものだ。天皇という虚名によって、人間そのものの真実の尊敬をうけることはできないもので、天皇陛下が生物学者として真に偉人であるならば、生物学者として偉大なのであり、天皇ということとは関係がない。況《いわ》んや、生物学者としてさのみではないが、天皇の素人芸としては、というような意味の過大評価は、哀れ、まずしい話である。

天皇というものに、実際の尊厳のあるべきイワレはないのである。日本に残る一番古い家柄、そして過去に日本を支配した名門である、ということの外に意味はなく、古い家柄といっても系譜的に辿《たど》りうるというだけで、人間誰しも、ただ系図をもたないだけで、類人猿からこのかた、みんな同じだけ古い家柄であることは論をまたない。

名門の子供には優秀な人物が現れ易い、というのは嘘で、過去の日本が、名門の子供を優秀にした、つまり、近衛とか木戸という子供は、すぐ貴族院議員となり、日本の枢機にたずさわり、やがて総理大臣にもなるような仕組みで、それが日本の今日の貧困をまねいた原因であった。つまり、実質なきものが自然に枢機を握る仕組みであったのだ。

人間の気品が違うという。気品とは何か。たとえば、天皇という人は他の誰よりも偉いと思わせられ、誰にも頭を下げる必要がないと教育されている。又、近衛は、天皇以外に頭を下げる必要はないと教育されている。華族の子弟は、華族ならざる者には頭を下げる必要がないと教育されている。

一般人は上役、長上にとっちめられ、電車にのれば、キップの売子、改札、車掌にそれぞれトッチメラレ、生きるとはトッチメラレルコト也というようにして育つから、対人態度は卑屈であったり不自由であったり、そうかと思うと不当に威張りかえったり、みじめである。名門の子弟は対人態度に関する限り、自然に、ノンビリ、オーヨーであるから、そこで気品が違う。

こんな気品は、何にもならない。対人態度だけのことで、実質とは関係がない。対人態度に気品があって堂々としていても、政治ができるわけじゃない、小説が書けるわけじゃない、相撲が強いわけでもない。それでショーバイができるのは、実際のところ、サギぐらいのものだ。

ところが、日本では、それで、政治が、できたのだ。政策よりもそういう態度の方が政治であり、政党の党主の資格であり、総理大臣的であった。総理大臣が六尺もあってデップリ堂々としていると、六尺の中に政治がギッシリつまっているように考える。六尺のデップリだけでも、そうであるから、公爵などとなると、もっと深遠幽玄になる。

ヨーロッパでも、サロンなどという有閑婦人の客間では、やっぱり、こういう態度が物を言う。昔はヨーロッパでも同じことで、サロンが政治につながっていたころは、日本と同じようなものでもあったが、だいたい、こういう態度、育ちの気品というようなものが、女の魅力をひく、それぐらいなら、何も文句はない。天下の美女がみんな惚れても、我々がヤキモチをやくのはアサハカで、惚れるものは仕方がない。

然し、一国の運命をつかさどる政治というものが、サロンの御婦人の御気分なみでは、こまるのである。

自分の恋する人を、天下特別の人、自分の子供は特別の子供、なんでも、人間の群をぬいて神格視したがるのが、これが、そもそも御婦人の流儀で、アナタ負けちゃァいけないよ、しっかりしてちょうだい、日本一になるんですよ、などと、ただもう亭主をたきつけ、自分は又亭主を日本一にしようと思ってワイロを持って廻ったり、だいたい日本の政治官僚の在り方は、これ又、婦人の流儀であったようだ。

日本は男尊女卑だなどというけれども、そうじゃない。金殿玉楼では亭主関白の膳部のかたわらに女房が給仕に侍し、裏長屋ではガラッ八の野郎が女房お梅をふんづける。これが表向きの日本であったが、実は亭主は外へでると自信がないから、せめて女房に威張りかえるほか仕方がなく、内実は女房の手腕で、ワイロが行きとどいたり、女房の親父の力でもかりないとフチがあかない有様で、男は女に対して威張っているが、男に実質的なものがなくて、女の流儀に依存しているのが実状であった。

これに比べると、女尊男卑的な表てむきの方がよっぽど実質的で、男は実力があるから、女を保護し、いたわる。この方が、よっぽど、男性的であり、男性がその自主的自覚によって構成した風習なのである。

ところが、日本式の御婦人流儀のやり方であると、実質はどうでもいい、なんでもかでも、亭主を偉くし、偉く見せねばならぬ。

この流儀の奥儀をきわめた張本人が宮内省というところで、天皇服をこしらえたり、朕という第一人称を喋らせたり、特別な敬語を使わせたり、ただもうムヤミに、実質のないところに架空な威厳をあみだして、天皇を人間と違わせようと汲々たるものだ。

その結果は実はアベコベとなるものなのである。朕という言葉であるから、朕はタラフクたべている、いらざる不敬問題が起きる。私が少年時代、朕という言葉は、子供たちの遊び言葉で、おかげで我々は少年時代に、余分に笑うことができた。天皇服などというものがある限り、又メーデーに天皇服の人形がとびだして、我々を余分に笑わせてくれるであろう。

実質なきところに架空の威厳をつくろうとすると、それはただ、架空の威厳によって愚弄され諷刺され、復讐をうけるばかりである。

私は日本最古の名門たる天皇が、我々と同じ混乱の客車で旅行せよとは言わぬ。たとえ我々の旅行がどのように苦難なものであるとはいえ、天皇の旅行のため、特別の一車を仕立てることに立腹するほど、我利我利でありたいとは思わない。

然し、特別に清掃され、新装せられた都市や農村の指定席を遍歴するなどということは、これはもう、文化国に於ては、ゴーゴリの検察官の諷刺の題材でしかないのである。これに類するバカらしさは、中国に於ても「官場現形記」という小説によって、カップなく諷刺せられておる。

このような指定席を遍歴し、キョーク感激の代表選手にとりかこまれて、天皇陛下は御満足であるのか。

国民たちの沿道の歓呼というようなものを、それを日本の永遠なる国民的心情などとお考えなら、まことに滑稽千万である。

一種の英雄崇拝であるが、英雄とは、天皇や軍人や政治家には限らない。映画俳優もオリムピック選手も英雄であり、二十歳の水泳選手は、たった一夜で英雄となり、その場に於ては、天皇への歓呼以上に亢奮感動をうけ、天皇と同じように、感動の涙を以てカッサイせられる。

これを人気という。人気とは流行である。時代的な嗜好で、つまり、天皇は人気があるのだ。特に、地方に於て人気がある。田中絹代嬢と同じ人気であり、それだけのことにすぎない。

ところが、田中絹代嬢の人気は、彼女自身が自らの才能によって獲得したものであるのに、天皇の人気は、そうではない。ただ単に時代自身の過失が生んだ人気であって、日本は負けた、日本はなくなった、自分もなくなった、今までのものを失った、その口惜しさのヤケクソの反動みたいなもので、オレは失っていないぞと云って、天皇をカンバンにして、虚勢をはり、あるいは敗北の天皇に、同情したつもりになってヒイキにしている、その程度のものだ。

然し、日本は負けた、日本はなくなった、実際なくなることが大切なのだ。古い島国根性の箱庭細工みたいな日本はなくなり、世界というものの中の日本が生れてこなければならない。

天皇の人気というものが、田中絹代嬢式に実質的なものならよろしいけれども、現在天皇が旅行先の地方に於て博しつつある人気は、朕に対する人気、天皇服に対する人気で、もう朕と仰有《おりしゃ》らず私と仰有る、オカワイそうに、我々と同じ背広をきて帽子をふってアイサツして下さる、オカワイそうに。まったくバカバカしい。朕という言葉がなくなり、天皇服などという妙テコリンの服装が奇ッ怪千万だということを露ほどもさとらぬ非文化的、原始宗教の精神によって支持せられ、人気を博しているにすぎないのである。

このように、実質によらず、天皇という昔ながらの架空な威厳によって支持せられるということが、日本のために、最も悲しむべきことであるということを、天皇はさとることが出来ないのであろうか。

田中絹代嬢の人気は、まだしも、健全なる人気である。実質が批判にたえて、万人の好悪の批判の後に来た人気だからだ。

天皇の人気には、批判がない。一種の宗教、狂信的な人気であり、その在り方は邪教の教祖の信徒との結びつきの在り方と全く同じ性質のものなのである。

地にぬかずき、人間以上の尊厳へ礼拝するということが、すでに不自然、狂信であり、悲しむべき未開蒙昧の仕業であります。天皇に政治権なきこと憲法にも定むるところであるにも拘らず、直訴する青年がある。天皇には御領田もあるに拘らず、何十俵の米を献納しようという農村の青年団がある。かかる記事を読む読者の半数は、皇威いまだ衰えずと、涙を流す。

かく涙を流す人々は、同じ新聞紙上に璽《じ》光《こう》様を読み笑殺するが、璽光様とは何か、彼女はその信徒から国民儀礼のような同じマジナイ式の礼拝を受けたり、米や着物を献納されたり、直訴をうけたりしており、この教祖と信徒との結びつきの在り方は、そっくり天皇と狂信民との在り方で、いささかも変りはない。その変りのなさを自覚せず、璽光様をバカな奴めと笑っているだけ、狂信民の蒙昧には救われぬ貧しさがあります。

超人間的な礼拝、歓呼、敬愛を受ける侘びしさ、悲しさに気付かれないとは、これを暗愚と言わざるを得ぬ。

人間が受ける敬愛、人気は、もっと実質的でなければならぬ。

天皇が人間ならば、もっと、つつましさがなければならぬ。天皇が我々と同じ混雑の電車で出勤する、それをふと国民が気がついて、サアサア、天皇、どうぞおかけ下さい、と席をすすめる。これだけの自然の尊敬が持続すればそれでよい。天皇が国民から受ける尊敬の在り方が、そのようなものとなるとき、日本は真に民主国となり、礼節正しく、人情あつい国となっている筈だ。

私とても、銀座の散歩の人波の中に、もし天皇とすれ違う時があるなら、私はオジギなどはしないであろうけれども、道はゆずってあげるであろう。天皇家というものが、人間として、日本人から受ける尊敬は、それが限度であり、又、この尊敬の限度が、元来、尊敬というものの全ての限度ではないか。

地にぬかずくのは、気違い沙汰だ。天皇は目下、気ちがい共の人気を博し、歓呼の嵐を受けている。道義はコンランする筈だ。人を尊敬するに地にぬかずくような気違い共だから、正しい理論は失われ、頑迷コローな片意地と、不自然な義理人情に身もだえて、電車は殺気立つ、一足外へでると、みんな死にもの狂いのていたらく、悲しい有様である。

天皇が人間の礼節の限度で敬愛されるようにならなければ、日本には文化も、礼節も、正しい人情も行われはせぬ。いつまでも、旧態依然たる敗北以前の日本であって、いずれは又、バカな戦争でもオッパジメテ、又、負ける。性こりもなく、同じようなことを繰り返すにきまっている。

本当に礼節ある人間は戦争などやりたがる筈はない。人を敬うに、地にぬかずくような気違いであるから、まかり間違うと、腕ずくでアバレルほかにウサバラシができない。地にぬかずく、というようなことが、つまりは、戦争の性格で、人間が右手をあげたり、国民儀礼みたいな狐憑きをやりだしたら、ナチスでも日本でも、もう戦争は近づいたと思えば間違いない。

天皇が現在の如き在り方で旅行されるということは、つまり、又、戦争へ近づきつつあるということ、日本がバカになりつつあるということ、狐憑きの気違いになりつつあるということで、かくては、日本は救われぬ。

陛下は当分、宮城にとじこもって、お好きな生物学にでも熱中されるがよろしい。

そして、そのうち、国民から忘られれ、そして、忘れられたころに、東京もどうやら復興しているであろう。そして復興した銀座へ、研究室からフラリと散歩にでてこられるがよろしい。陛下と気のついた通行人の幾人かは、別にオジギもしないであろうが、道をゆずってあげるであろう。

そのとき、東京も復興したが、人間も復興したのだ。否、今まで狐憑きだった日本に、始めて、人間が生れ、人間の礼節や、人間の人情や、人間の学問が行われるようになった証拠なのである。

陛下よ。まことに、つつましやかな、人間の敬愛を受けようとは思われぬか。

ただ今の旅行のようでは、狐憑きの信仰がふえる一方に、帽子を握って手をふる背広服の人形がメーデーに現れたり、「アア、ソウ」などというような流行語が溢れて、不敬罪が流行ハンランするに至るであろう。


（曠野《こうや》通信1）

〈初出・底本〉「風報」第二巻第一号〈曠野通信〉欄　新生活社　一九四八年一月五日発行

堕落論

　半年のうちに世相は変った。醜《しこ》の御楯《みたて》といでたつ我は。大君《おおきみ》のへにこそ死なめかへりみはせじ。若者達は花と散ったが、同じ彼等が生き残って闇屋となる。ももとせの命ねがはじいつの日か御楯とゆかん君とちぎりて。けなげな心情で男を送った女達も半年の月日のうちに夫君の位牌にぬかずくことも事務的になるばかりであろうしやがて新たな面影を胸に宿すのも遠い日のことではない。人間が変ったのではない。人間は元来そういうものであり、変ったのは世相の上皮だけのことだ。

　昔、四十七士の助命を排して処刑を断行した理由の一つは、彼等が生きながらえて生き恥をさらし折角の名を汚す者が現れてはいけないという老婆心であったそうな。現代の法律にこんな人情は存在しない。けれども人の心情には多分にこの傾向が残っており、美しいものを美しいままで終らせたいということは一般的な心情の一つのようだ。十数年前だかに童貞処女のまま愛の一生を終らせようと大磯のどこかで心中した学生と娘があったが世人の同情は大きかったし、私自身も、数年前に私と極めて親しかった姪の一人が二十一の年に自殺したとき、美しいうちに死んでくれて良かったような気がした。一見清楚な娘であったが、壊れそうな危なさがあり真逆様に地獄へ堕ちる不安を感じさせるところがあって、その一生を正視するに堪えないような気がしていたからであった。

　この戦争中、文士は未亡人の恋愛を書くことを禁じられていた。戦争未亡人を挑発堕落させてはいけないという軍人政治家の魂胆で彼女達に使徒の余生を送らせようと欲していたのであろう。軍人達の悪徳に対する理解力は敏感であって、彼等は女心の変り易さを知らなかったわけではなく、知りすぎていたので、こういう禁止項目を案出に及んだまでであった。

いったいが日本の武人は古来婦女子の心情を知らないと言われているが、之は皮相の見解で、彼等の案出した武士道という武骨千万な法則は人間の弱点に対する防壁がその最大の意味であった。

武士は仇討《あだうち》のために草の根を分け乞食となっても足跡を追いまくらねばならないというのであるが、真に復讐の情熱をもって仇敵《きゅうてき》の足跡を追いつめた忠臣孝子があったであろうか。彼等の知っていたのは仇討の法則と法則に規定された名誉だけで、元来日本人は最も憎悪心の少い又永続しない国民であり、昨日の敵は今日の友という楽天性が実際の偽らぬ心情であろう。昨日の敵と妥協否肝胆相照すのは日常茶飯事であり、仇敵なるが故に一そう肝胆相照らし、忽《たちま》ち二君に仕えたがるし、昨日の敵にも仕えたがる。生きて捕虜の恥を受けるべからず、というが、こういう規定がないと日本人を戦闘にかりたてるのは不可能なので、我々は規約に従順であるが、我々の偽らぬ心情は規約と逆なものである。日本戦史は武士道の戦史よりも権謀術数の戦史であり、歴史の証明にまつよりも自我の本心を見つめることによって歴史のカラクリを知り得るであろう。今日の軍人政治家が未亡人の恋愛に就いて執筆を禁じた如く、古の武人は武士道によって自らの又部下達の弱点を抑える必要があった。

小林秀雄は政治家のタイプを独創をもたずただ管理し支配する人種と称しているが、必ずしもそうではないようだ。政治家の大多数は常にそうであるけれども、少数の天才は管理や支配の方法に独創をもち、それが凡庸な政治家の規範となって個々の時代、個々の政治を貫く一つの歴史の形で巨大な生き者の意志を示している。政治の場合に於て、歴史は個をつなぎ合せたものではなく、個を没入せしめた別個の巨大な生物となって誕生し、歴史の姿に於て政治も亦《また》巨大な独創を行っているのである。この戦争をやった者は誰であろうか、東条であり軍部であるか。そうでもあるが、然し又、日本を貫く巨大な生物、歴史のぬきさしならぬ意志であったに相違ない。日本人は歴史の前ではただ運命に従順な子供であったにすぎない。政治家によし独創はなくとも、政治は歴史の姿に於て独創をもち、意欲をもち、やむべからざる歩調をもって大海の波の如くに歩いて行く。何人が武士道を案出したか。之も亦歴史の独創、又は嗅覚であったであろう。歴史は常に人間を嗅ぎだしている。そして武士道は人性や本能に対する禁止条項である為に非人間的、反人性的なものであるが、その人性や本能に対する洞察の結果である点に於ては全く人間的なものである。

私は天皇制に就いても、極めて日本的な（従って或いは独創的な）政治的作品を見るのである。天皇制は天皇によって生みだされたものではない。天皇は時に自ら陰謀を起したこともあるけれども、概して何もしておらず、その陰謀は常に成功のためしがなく、島流しとなったり、山奥へ逃げたり、そして結局常に政治的理由によってその存立を認められてきた。社会的に忘れた時にすら政治的に担ぎだされてくるのであって、その存立の政治的理由はいわば政治家達の嗅覚によるもので、彼等は日本人の性癖を洞察し、その性癖の中に天皇制を発見していた。それは天皇家に限るものではない。代り得るものならば、孔子家でも釈迦家でもレーニン家でも構わなかった。ただ代り得なかっただけである。

すくなくとも日本の政治家達（貴族や武士）は自己の永遠の隆盛（それは永遠ではなかったが、彼等は永遠を夢みたであろう）を約束する手段として絶対君主の必要を嗅ぎつけていた。平安時代の藤原氏は天皇の擁立を自分勝手にやりながら、自分が天皇の下位であるのを疑りもしなかったし、迷惑にも思っていなかった。天皇の存在によって御家騒動の処理をやり、弟は兄をやりこめ、兄は父をやっつける。彼等は本能的な実質主義者であり、自分の一生が愉しければ良かったし、そのくせ朝儀を盛大にして天皇を拝賀する奇妙な形式が大好きで、満足していた。天皇を拝むことが、自分自身の威厳を示し、又、自ら威厳を感じる手段でもあったのである。

我々にとっては実際馬鹿げたことだ。我々は靖国神社の下を電車が曲るたびに頭を下げさせられる馬鹿らしさには閉口したが、或種の人々にとっては、そうすることによってしか自分を感じることが出来ないので、我々は靖国神社に就いてはその馬鹿らしさを笑うけれども、外の事柄に就いて、同じような馬鹿げたことを自分自身でやっている。そして自分の馬鹿らしさには気づかないだけのことだ。宮本武蔵は一乗寺下り松の果し場へ急ぐ途中、八幡様の前を通りかかって思わず拝みかけて思いとどまったというが、吾神仏をたのまずという彼の教訓は、この自らの性癖に発し又向けられた悔恨深い言葉であり、我々は自発的にはずいぶん馬鹿げたものを拝み、ただそれを意識しないというだけのことだ。道学先生は教壇で先ず書物をおしいただくが、彼はそのことに自分の威厳と自分自身の存在すらも感じているのであろう。そして我々も何かにつけて似たことをやっている。

日本人の如く権謀術数を事とする国民には権謀術数のためにも大義名分のためにも天皇が必要で、個々の政治家は必ずしもその必要を感じていなくとも、歴史的な嗅覚に於て彼等はその必要を感じるよりも自らの居る現実を疑ることがなかったのだ。秀吉は聚楽に行幸を仰いで自ら盛儀に泣いていたが、自分の威厳をそれによって感じると同時に、宇宙の神をそこに見ていた。これは秀吉の場合であって、他の政治家の場合ではないが、権謀術数がたとえば悪魔の手段にしても、悪魔が幼児の如くに神を拝むことも必ずしも不思議ではない。どのような矛盾も有り得るのである。

要するに天皇制というものも武士道と同種のもので、女心は変り易いから「節婦《せっぷ》は二夫に見《まみ》えず」という、禁止自体は非人間的、反人性的であるけれども、洞察の真理に於て人間的であることと同様に、天皇制自体は真理ではなく、又自然でもないが、そこに至る歴史的な発見や洞察に於て軽々しく否定しがたい深刻な意味を含んでおり、ただ表面的な真理や自然法則だけでは割り切れない。

まったく美しいものを美しいままで終らせたいなど希《ねが》うことは小さな人情で、私の姪の場合にしたところで、自殺などせず生きぬきそして地獄に堕ちて暗黒の曠野《こうや》をさまようことを希うべきであるかも知れぬ。現に私自身が自分に課した文学の道とはかかる曠野の流浪であるが、それにも拘らず美しいものを美しいままで終らせたいという小さな希いを消し去るわけにも行かぬ。未完の美は美ではない。その当然堕ちるべき地獄での遍歴に淪落自体が美でありうる時に始めて美とよびうるのかも知れないが、二十の処女をわざわざ六十の老醜の姿の上で常に見つめなければならぬのか。これは私には分らない。私は二十の美女を好む。

死んでしまえば身も蓋もないというが、果してどういうものであろうか。敗戦して、結局気の毒なのは戦没した英霊達だ、という考え方も私は素直に肯定することができない。けれども、六十すぎた将軍達が尚《なお》生に恋々として法廷にひかれることを思うと、何が人生の魅力であるか、私には皆目分らず、然し恐らく私自身も、もしも私が六十の将軍であったなら矢張り生に恋々として法廷にひかれるであろうと想像せざるを得ないので、私は生という奇怪な力にただ茫然たるばかりである。私は二十の美女を好むが老将軍も亦二十の美女を好んでいるのか。そして戦没の英霊が気の毒なのも二十の美女を好む意味に於てであるか。そのように姿の明確なものなら、私は安心することもできるし、そこから一途に二十の美女を追っかける信念すらも持ちうるのだが、生きることは、もっとわけの分らぬものだ。

私は血を見ることが非常に嫌いで、いつか私の眼前で自動車が衝突したとき、私はクルリと振向いて逃げだしていた。けれども私は偉大な破壊が好きであった。私は爆弾や焼夷弾に戦《おのの》きながら、狂暴な破壊に劇《はげ》しく亢奮していたが、それにも拘らず、このときほど人間を愛しなつかしんでいた時はないような思いがする。

私は疎開をすすめ又すすんで田舎の住宅を提供しようと申出てくれた数人の親切をしりぞけて東京にふみとどまっていた。大井広介の焼跡の防空壕を最後の拠点にするつもりで、そして九州へ疎開する大井広介と別れたときは東京からあらゆる友達を失った時でもあったが、やがて敵が上陸し四辺に重砲弾の炸裂するさなかにその防空壕に息をひそめている私自身を想像して、私はその運命を甘受し待ち構える気持になっていたのである。私は死ぬかも知れぬと思っていたが、より多く生きることを確信していたに相違ない。然し廃墟に生き残り、何か抱負を持っていたかと云えば、私はただ生き残ること以外の何の目算もなかったのだ。予想し得ぬ新世界への不思議な再生。その好奇心は私の一生の最も新鮮なものであり、その奇怪な鮮度に対する代償としても東京にとどまることを賭ける必要があるという奇妙な呪文に憑かれていたというだけであった。そのくせ私は臆病で、昭和二十年の四月四日という日、私は始めて四周に二時間にわたる爆撃を経験したのだが、頭上の照明弾で昼のように明るくなった、そのとき丁度上京していた次兄が防空壕の中から焼夷弾かと訊いた、いや照明弾が落ちてくるのだと答えようとした私は一応腹に力を入れた上でないと声が全然でないという状態を知った。又、当時日本映画社の嘱託だった私は銀座が爆撃された直後、編隊の来襲を銀座の日映の屋上で迎えたが、五階の建物の上に塔があり、この上に三台のカメラが据えてある。空襲警報になると路上窓、屋上、銀座からあらゆる人の姿が消え、屋上の高射砲陣地すらも掩壕《えんごう》に隠れて人影はなく、ただ天地に露出する人の姿は日映屋上の十名程の一団のみであった。先ず石川島に焼夷弾の雨がふり、次の編隊が真上へくる。私は足の力が抜け去ることを意識した。煙草をくわえてカメラを編隊に向けている憎々しいほど落着いたカメラマンの姿に驚嘆したのであった。

けれども私は偉大な破壊を愛していた。運命に従順な人間の姿は奇妙に美しいものである。麹町のあらゆる大邸宅が嘘のように消え失せて余燼《よじん》をたてており、上品な父と娘がたった一つの赤皮のトランクをはさんで濠端の緑草の上に坐っている。片側に余燼をあげる茫々たる廃墟がなければ、平和なピクニックと全く変るところがない。ここも消え失せて茫々ただ余燼をたてている道玄坂では、坂の中途にどうやら爆撃のものではなく自動車にひき殺されたと思われる死体が倒れており、一枚のトタンがかぶせてある。かたわらに銃剣の兵隊が立っていた。行く者、帰る者、罹災者達の蜿蜒《えんえん》たる流れがまことにただ無心の流れの如くに死体をすりぬけて行き交い、路上の鮮血にも気づく者すら居らず、たまさか気づく者があっても、捨てられた紙屑を見るほどの関心しか示さない。米人達は終戦直後の日本人は虚脱し放心していると言ったが、爆撃直後の罹災者達の行進は虚脱や放心と種類の違った驚くべき充満と重量をもつ無心であり、素直な運命の子供であった。笑っているのは常に十五六、十六七の娘達であった。彼女等の笑顔は爽やかだった。焼跡をほじくりかえして焼けたバケツへ掘りだした瀬戸物を入れていたり、わずかばかりの荷物の張番をして路上に日向ぼっこをしていたり、この年頃の娘達は未来の夢でいっぱいで現実などは苦にならないのであろうか、それとも高い虚栄心のためであろうか。私は焼野原に娘達の笑顔を探すのがたのしみであった。

あの偉大な破壊の下では、運命はあったが、堕落はなかった。無心であったが、充満していた。猛火をくぐって逃げのびてきた人達は燃えかけている家のそばに群がって寒さの暖をとっており、同じ火に必死に消火につとめている人々から一尺離れているだけで全然別の世界にいるのであった。偉大な破壊、その驚くべき愛情。偉大な運命、その驚くべき愛情。それに比べれば、敗戦の表情はただの堕落にすぎない。

だが、堕落ということの驚くべき平凡さや平凡な当然さに比べると、あのすさまじい偉大な破壊の愛情や運命に従順な人間達の美しさも、泡沫のような虚しい幻影にすぎないという気持がする。

徳川幕府の思想は四十七士を殺すことによって永遠の義士たらしめようとしたのだが、四十七名の堕落のみは防ぎ得たにしたところで、人間自体が常に義士から凡俗へ又地獄へ転落しつづけていることを防ぎうるよしもない。節婦は二夫に見えず、忠臣は二君に仕えず、と規約を制定してみても人間の転落は防ぎ得ず、よしんば処女を刺し殺してその純潔を保たしめることに成功しても、堕落の平凡な跫音《あしおと》、ただ打ちよせる波のようなその当然な跫音に気づくとき、人為の卑小さ、人為によって保ち得た処女の純潔の卑小さなどは泡沫の如き虚しい幻像にすぎないことを見出さずにいられない。

特攻隊の勇士はただ幻影であるにすぎず、人間の歴史は闇屋となるところから始るのではないのか。未亡人が使徒たることも幻影にすぎず、新たな面影を宿すところから人間の歴史が始まるのではないのか。そして或いは天皇もただ幻影であるにすぎず、ただの人間になるところから真実の天皇の歴史が始まるのかも知れない。

歴史という生き物の巨大さと同様に人間自体も驚くほど巨大だ。生きるということは実に唯一の不思議である。六十七十の将軍達が切腹もせず轡《くつわ》を並べて法廷にひかれるなどとは終戦によって発見された壮観な人間図であり、日本は負け、そして武士道は亡びたが、堕落という真実の母胎によって始めて人間が誕生したのだ。生きよ堕ちよ、その正当な手順の外に、真に人間を救い得る便利な近道が有りうるだろうか。私はハラキリを好まない。昔、松永弾正という老獪陰鬱な陰謀家は信長に追いつめられて仕方なく城を枕に討死したが、死ぬ直前に毎日の習慣通り延命の灸をすえ、それから鉄砲を顔に押し当て顔を打ち砕いて死んだ。そのときは七十をすぎていたが、人前で平気で女と戯れる悪どい男であった。この男の死に方には同感するが、私はハラキリは好きではない。

私は戦きながら、然し、惚れ惚れとその美しさに見とれていたのだ。私は考える必要がなかった。そこには美しいものがあるばかりで、人間がなかったからだ。実際、泥棒すらもいなかった。近頃の東京は暗いというが、戦争中は真の闇で、そのくせどんな深夜でもオイハギなどの心配はなく、暗闇の深夜を歩き、戸締なしで眠っていたのだ。戦争中の日本は嘘のような理想郷で、ただ虚しい美しさが咲きあふれていた。それは人間の真実の美しさではない。そしてもし我々が考えることを忘れるなら、これほど気楽なそして壮観な見世物はないだろう。たとえ爆弾の絶えざる恐怖があるにしても、考えることがない限り、人は常に気楽であり、ただ惚れ惚れと見とれておれば良かったのだ。私は一人の馬鹿であった。最も無邪気に戦争と遊び戯れていた。

終戦後、我々はあらゆる自由を許されたが、人はあらゆる自由を許されたとき、自らの不可解な限定とその不自由さに気づくであろう。人間は永遠に自由では有り得ない。なぜなら人間は生きており又、死なねばならず、そして人間は考えるからだ。政治上の改革は一日にして行われるが、人間の変化はそうは行かない。遠くギリシャに発見され確立の一歩を踏みだした人性が、今日、どれほどの変化を示しているであろうか。

人間。戦争がどんなすさまじい破壊と運命をもって向うにしても人間自体をどう為しうるものでもない。戦争は終った。特攻隊の勇士はすでに闇屋となり、未亡人はすでに新たな面影によって胸をふくらませているではないか。人間は変りはしない。ただ人間へ戻ってきたのだ。人間は堕落する。義士も聖女も堕落する。それを防ぐことはできないし、防ぐことによって人を救うことはできない。人間は生き、人間は堕ちる。そのこと以外の中に人間を救う便利な近道はない。

戦争に負けたから堕ちるのではないのだ。人間だから堕ちるのであり、生きているから堕ちるだけだ。だが人間は永遠に堕ちぬくことはできないだろう。なぜなら人間の心は苦難に対して鋼鉄の如くでは有り得ない。人間は可憐であり脆弱であり、それ故愚かなものであるが、堕ちぬくためには弱すぎる。人間は結局処女を刺殺せずにはいられず、武士道をあみださずにはいられず、天皇を担ぎださずにはいられなくなるであろう。だが他人の処女でなしに自分自身の処女を刺殺し、自分自身の武士道、自分自身の天皇をあみだすためには、人は正しく堕ちる道を堕ちきることが必要なのだ。そして人の如くに日本も亦堕ちることが必要であろう。堕ちる道を堕ちきることによって、自分自身を発見し、救わなければならない。政治による救いなどは上皮だけの愚にもつかない物である。

（一九四六・三・一七）

〈初出・底本〉「新潮」第四三巻第四号　新潮社　一九四六年四月号

天皇小論

日本は天皇によって終戦の混乱から救われたというが常識であるが、之は嘘だ。日本人は内心厭《いや》なことでも大義名分らしきものがないと厭だと言えないところがあり、いわば大義名分というものはそういう意味で利用せられてきたのであるが、今度の戦争でも天皇の名によって矛をすてたというのは狡猾な表面にすぎず、なんとかうまく戦争をやめたいと内々誰しも考えており、政治家がそれを利用し、人民が又さらにそれを利用しただけにすぎない。

日本人の生活に残存する封建的偽瞞《ぎまん》は根強いもので、ともかく旧来の一切の権威に懐疑や否定を行うことは重要でこの敗戦は絶好の機会であったが、こういう単純な偽瞞が尚無意識に持続せられるのみならず、社会主義政党が選挙戦術のために之を利用し天皇制を支持するに至っては、日本の悲劇、文化的貧困、これにより大なるはない。

日本的知性の中から封建的偽瞞をとりさるためには天皇をただの天皇家になって貰うことがどうしても必要で、歴代の山陵や三種の神器なども科学の当然な検討の対象としてすべて神格をとり去ることが絶対的に必要だ。科学の前に公平な一人間となることが日本の歴史的発展のために必要欠くべからざることなのであり、科学の前に裸となりただの人間となっても、尚、日本人の生活に天皇制が必要であったら、必要に応じた天皇制をつくるがよい。人間天皇は機関として存否を論ぜられるのは当然であるが、単純に政治的にのみ論ぜらるべきではなく、一応科学の前で裸の人間にした上で、更に宗教的な深さに戻って考察せられることが必要だと思う。

人間から神を取り去ることはできない。そのような人間の立場をも否定しては政治は死ぬ。日本と天皇の関係が神の問題に相応するかどうかは今後の問題だが、一応天皇をただの人間に戻すことは現在の日本に於て絶対的に必要なことと信ずる。

〈初出・底本〉「文學時標」第九号〈文學と政治〉欄　文學時標社
一九四六年六月一日発行

編注＊――「これより」の誤植と思われる。

もう軍備はいらない

原子バクダンの被害写真が流行しているので、私も買った。ひどいと思った。

しかし、戦争なら、どんな武器を用いたって仕様がないじゃないか、なぜヒロシマやナガサキだけがいけないのだ。いけないのは、原子バクダンじゃなくて、戦争なんだ。

東京だってヒドかったね。ショーバイ柄もあったが、空襲のたび、まだ燃えている焼跡を歩きまわるのがあのころの私の日課のようなものであった。公園の大きな空壕の中や、劇場や地下室の中で、何千という人たちが一かたまり折り重なって私の目の前でまだいぶっていたね。

サイパンだのオキナワだのイオー島などで、まるで島の害虫をボクメツするようにして人間が一かたまりに吹きとばされても、それが戦争なんだ。

　私もあのころは生きて再び平和の日をむかえる希望の半分を失っていた。日本という国と一しょにオレも亡びることになるだろうとバクゼンと思いふけりながら、終戦ちかいころの焼野原にかこまれた乞食小屋のような防空壕の中でその時間を待つ以外に手がなかったものだ。三発目の原子バクダンがいつオレの頭上にサクレツするかと怯えつづけていたが、原子バクダンを呪う気持などはサラサラなかったね。オレの手に原子バクダンがあれば、むろん敵の頭の上でそれをいきなりバクハツさせてやったろう。何千という一かたまりの焼死体や、コンクリのカケラと一しょにねじきれた血まみれのクビが路にころがっているのを見ても、あのころは全然不感症だった。美も醜もない。死臭すら存在しない。屍体のかたわらで平然とベントーも食えたであろう。一分後には自分の運命がそうなるかも知れないというのが毎日のさしせまった思いの全部だから、散らばってる人々の屍体が変テツモない自然の風景にすぎなかった。

　二月十五日だかの銀座のバクゲキ、三月十日の下町の熱地獄以来、四月と五月には私自身の頭上や身辺に落ちてきた焼夷ダンやバクダンだけでも何百発もあった。豪雨の夜中に近所の工場の上に照明ダンをたらして二百機が入れ代り立ち代り二時間にわたってバクゲキし、その半分がそれダマになって何百匹のカミナリが私の周囲をかけめぐるようなバクゲキがつづいた晩は息がつまったね。けれどもバクゲキが終ると、まず穴から首をだして形勢を眺め、つづいて隣りの被害を見物し、規則正しい大きな波のウネリのようなバクダンの穴ボコの行列と、その四周の吹きとばされ、なぎ倒された家々のウネリと、壁や柱や屋根やハメ板のゴチャマゼの中の首や足などを見て歩く。なんの感情もない。その首や足が私でなかったというだけのことだ。はるかなキリもない旅をしているような虚脱の日々があるだけのことだった。

　焼夷ダンに追いまくられたのは、夜三度、昼三度。

昼のうち二度は焼け残りの区のバクゲキを見物に行って、第二波にコッちがまきこまれ、目の前たッた四五間のところに五六十本の焼夷ダンが落ちてきて、いきなり路上に五六十本のタケノコが生えて火をふきだしたから、ふりむいて戻ろうと思ったら、どッこい、うしろの道にもいきなり足もとに五六十本のタケノコが生えやがった。仕方がないから火勢の衰えるのを待ってタケノコの間を縫いながら渡っていると、十字路の右と左に、また五六十本のタケノコがいきなり生えた。見まわすと、百米ぐらいまでの彼方此方の屋根にバラバラ、ガラガラとタケノコがふりこめており、たまにはそれを抑えたり投げたりして別世界の人のように格闘している人の姿も見えはしたが、通行人たちはニワカ雨のハレマを見て歩いているという様子でしかなかった。頭の真上に焼夷ダンが落ちて大の字になって威張って死んでる男がいた。通行人の一人が死人の腰にくくりつけた弁当包みを手にのせてみて、

「まだ弁当食ってねえや」

ほかの通行人たちの顔を見まわしてニヤリと笑って言やアがった。この時は薄気味わるかったね。オレがまだこの通行人ほど正直でないような気がして、そこまで正直にさせないと気がすまないような戦争という飛んでもないデカダン野郎に重ね重ねのウラミツラミがよみがえったようだった。しかし、そういうことにシゲキされていくらか理性だか正気のようなものの影がさしてハッとすることがあったりれども、すぐ目の前で小さなバクダンの筒に頭を砕かれて大の字にひッくり返って死んだ人間については全然無感動であったと云ってよい。雨に打たれて誰かが死んだ。それがオレでなかっただけの話にすぎないのである。

小平某という奴があの最中に女の子を強姦しては殺していたという。あの最中に人を殺すとは妙な奴だ。つまり、人を殺すという良心――人を殺して自分の生きのびる手段にしようという尋常な良心が、まだ麻痺しないでノルマルに動いていたらしいや。

一時間後には自分がどうなるか分りやしないとい

うことが唯一の人生の信条となりきっていた筈のあの最中に、自分の罪を隠すために人を殺すというような平常の心がチャンと時計のように動いているのは異常なことさね、あの場合に於てはまさに驚くべき良心だね。

あの時の大半の人間というものは自分の手で人を殺すことも忘れていたようなものだ。どうせみんな死んじまい、焼けちまい、バラバラになっちまうんだ。我々の理性も感情も躾けもみんな失われ一変して、戦争という大きさのケタの違うデカダンが心や習性の全部にとって代っていたのだ。それに比べると、小平某はあの最中に良心もタシナミも失わず、はるかにデカダンではなかったのさ。あの野郎はフテエ野郎だというのは戦争がすんでからの話さ。

いったん戦争になッちまえば、健全なのは小平君ぐらいのもので、人間は地獄の人たちよりもはるかに無感動、無意志の冷血ムザンな虫になるだけのことだ。おそらくそのとき何が美しいと云ったってサクレツする原子バクダンぐらい素敵な美はないだろう。あの頃でも自分をバクゲキにくる敵の飛行機が一番美しく見えた。そして、その美を見ることができた代りに死ななければならないということは、たいしたことじゃアないのさ。人を殺すのが戦争じゃないか。戦争とは人を殺すことなんだ。

こんな戦争をさせるヤツは何ヤツなのだろう？勝たずば生きて帰らじと……というような歌を戦争の時もオリンピックの時もとかく歌いたがる日本人だが、戦争が好きだという日本人が決してタクサンいるわけではなかろう。けれども権力に無抵抗主義の日本人は近づく戦争にも無抵抗で、戦争も一ツの天災だというようにバクゼンと諦めきっているのかも知れない。そして、天災に襲われ叩きのめされてもたじろがず、ツルハシやクワを握って立ち上り立ち向う根気をこの上もない美徳と考えているのかも知れないな。また、天災にそなえて非常米を備蓄するのと同じように軍備というものを考えているのかも知れない。しかし戦争は天災ではないのだから、努力や工夫や良識によってそれを避けることもできるし、非常米のように軍隊をたくわえておく必要が不可欠のものでは決してない。

★

自分が国防のない国へ攻めこんだあげくに負けて無腰にされながら、今や国防と軍隊の必要を説き、どこかに攻めこんでくる兇悪犯人が居るような云い方はヨタモンのチンピラどもの言いぐさに似てるな。ブタ箱から出てきた足でさッそくドスをのむ奴の云いぐさだ。

冷い戦争という地球をおおう妖雲をとりのぞけば、軍備を背負った日本の姿は殺人強盗的であろう。

貧乏者の子沢山というが、五反百姓に十八人も子供がいるような日本。天然資源的に見れば取り代えるオシメにも事欠く程度の素寒貧だし、持てる五反の畑も人里はなれて山のテッペンに近いような、もしくは湖水の中の小島のような不便なところに孤立して細々と貧乏ぐらしを立てている。

気のきいた泥棒も、気のきかない泥棒も、そんなところへ物を盗みに行くはずがないじゃないか。しかるにそこの貧乏オヤジは泥棒きたるべしとダンビラを買いこみ朝な夕なネタバをあわせ、そのために十八人の子供のオマンマは益々半減し、豊富なのは天井のクモの巣だけ、そのクモの巣をすかして屋根の諸方の孔《あな》から東西南北の空が見えるという小屋の中でダンビラだけ光ってやがる。

ここのウチへ間抜け泥棒が忍びこむよりも、このオヤジが殺人強盗に転ずる率が多いのは分りきった話じゃないか。十八人の子供に武術を仕込んでめいめいにダンビラを握らせて荒稼ぎするうちに天晴れ野武士海賊の頭となりついに大名となってメデタシメデタシということは、個人的にも国家的にもない話ではなかった。今日の紳士や紳士国の中の少からぬ数が、こういう風にして成り上った旦那かその子孫かであることも確かである。しかし、今後に於てはその可能性はなくなる一方であるし、その代りには、もっと安定した稼ぎ方で着実に富貴に至る道がありうる時代にもなっている。

　ピストルやダンビラを枕もとに並べ、用心棒や猛犬を飼って国防を厳にする必要があるのは金持のことである。今の日本が金持と同じように持つことができるものは、そして失う心配があるものは、自由とイノチぐらいのものじゃないか。ところが、戦争ぐらいその自由もイノチも奪うものは有りやしない。

　あまり結構な身分じゃないけれども、泥棒に狙われる心配がない身分になってみると、ピストルだ用心棒だと備えを立てて睡眠不足になっている金持どものバカさ加減が分るものだ。すくなくとも自分が殺人強盗になろうという気持がなければ、泥棒の備えを立てるに汲々たる金持どもが利巧に見える筈はありっこない。

　泥棒の心配で夜もオチオチ眠れないような身分になってみたいもんだというのは重々ゴモットモではあるが、金持は泥棒の心配をしなければならないものだという天の定めがあるわけではない。金持になって、おまけに泥棒の心配をせずにすむなら、これに越したことはないさ。

　国防は武力に限るときめてかかっているのは軽率であろう。

★

　今日までの金持というものは、だいたいにねかせた財産をもち、その大小によって金持の番附がつくられるような富の在り方であった。莫大な預金、広大な所有地。そしてそれは泥棒が主として狙う富でもあった。だが、財産とか富貴というものがそれだけだとは限らない。泥棒がどうすることもできないような財産もありうるであろう。

　高い工業技術とか優秀な製品というものは、その技能を身につけた人間を盗まぬ限りは盗むわけにはゆかない。そしてそれが特定の少数の人に属するものではなく国民全部に行きわたっている場合には盗みようがない。

　美しい芸術を創ったり、うまい食べ物を造ったり、便利な生活を考案したりして、またそれを味うことが行きわたっているような生活自体を誰も盗むことができないだろう。すくなくとも、その国が自ら戦争さえしなければ、それがこわされる筈はあるまい。

　このような生活自体の高さや豊かさというものは、それを守るために戦争することも必要ではなくなる性質のものだ。有りあまる金だの土地だのは持たないし、むしろ有りあまる物を持たずにモウケをそッくり生活を豊かにするためにつぎこんでいる国からは、国民の生活以外に盗むものがない。そしてその国民が自ら戦争さえしなければ、その生活は盗まれることがなかろう。

　けれどもこんな国へもガムシャラに盗みを働きにくるキ印がいないとは限らないが、キ印を相手に戦争してよけいなケガを求めるのはバカバカしいから、さっさと手をあげて降参して相手にならずにいれば、それでも手当り次第ぶっこわすようなことはさすがにキ印でもできないし、さて腕力でおどしつけて家来にしたつもりでいたものの、生活万般にわたって家来の方がはるかに高くて豊かなことが分ってくるにしたがってさすがのキ印もだんだん気が弱くなり、結局ダンビラふりかざしてあばれこんできたキ印の方が居候のような手下のようなヒケメを持つようになってしまう。昔からキ印やバカは腕ッ節が強くてイノチ知らずだからケンカや戦争には勝つ率が多くて文化の発達した国の方が降参する例が少くなかったけれども、結局ダンビラふりまわして睨めまわしているうちにキ印やバカの方がだんだん居候になり、手下になって、やがて腑ぬけになってダンビラを忘れた頃を見すまされて逆に追ンだされたり完全な家来にしてもらって隅の方に居ついたりしてしまう。

　もっともキ印がダンビラふりまわして威勢よく乗りこんできた当座はいくら利巧者が相手にならなくとも、相当の被害はまぬがれない。女の子が暴行されたり、男の子が頭のハチを割られ片腕をへシ折られキンタマを蹴りつぶされるようなことが相当ヒンピンと起ることはキ印相手のことでどうにも仕方がないが、それにしてもキ印相手にまともに戦争して殺されぶッこわされるのに比べれば被害は何万億分の一の軽さだか知れやしない。その国の文化水準や豊かな生活がシッカリした土台や支柱で支えられていさえすれば、結局キ印が居候になり家来になって隅ッこへひッこむことに相場がきまっているのである。

腕力と文明を混同するのがマチガイのもとである。原子バクダンだって鬼がふりまわすカナ棒の程度のもので、本当の文明文化はそれとはまるで違う。めいめいの豊かな生活だけが本当の文明文化というものである。

国防のためには原子バクダンだって本当はいらない筈のものだ。攻めこんでくるキ印がみんな自然に居候になって隅ッこへひっこむような文明文化の生活を確立するに限るのである。五反百姓の子沢山という日本がこのままマトモに働いて金持になれないというのは妄想である。有り余るお金や耕しきれない広大な土地は財産じゃない、それを羨《うらや》む必要はないのである。そして国民全体が優秀な技術家になることや、国そのものが優秀な工場になることは不可能ではなかろう。

我々の未来が過去の歴史や過去の英雄から抜けだすことはありうるものだ。食うものを食わずにダンビラを買い集めて朝夕せッせととぎすましたり原子バクダンを穴倉にためこむような人々を羨む必要はないじゃないか。何百万何千万人の兄弟を殺したあげくにようやく戦争に勝ったというようなことが本当の勝利であろうか。

泥棒や人殺しは割が合わないと云うが、戦争というものも勝っても割が合わないものだ。かりに一ツの国が全世界を征服しても、全世界を征服することによってはじめて得られるという特別の個人生活は有りやしない。そんなバカバカしく大ゲサなことをしたって有り余るものを持ちすぎるだけのことで、人を征服することによって自分たちの生活が多少でも豊かになるような国はもともとよッぽど文化文明の生活程度が低かっただけの話、つまり彼は単に腕ッ節の強いキ印であるにすぎず、即ち彼はやがて居候になるべき人物であるにすぎないのである。文化文明の生活程度を高めるためには、戦争することも、人を征服することも不要である。そこにはおのずから限度があって、戦争に引き合うような途方もない国民生活水準が有るべきものではないのである。

日本という国も泥棒の心配がいらない身分におちぶれてみて、いろいろのことが分らなければならない道理であったろう。

昔は三大強国と自称し、一等国の中のそのまたAクラスから負けて四等国に落ッこッたと本人は云ってるけれども、その四等国のしかも散々叩きつぶされ焼きはらわれ手足をもがれて丸ハダカになってからやッと七年目にすぎないというのに、もうそろそろ昔の自称一等国時代の生活水準と変りがないじゃないか。足りないものは軍艦や戦車や飛行機だけ。つまり負けるまでは四等国の生活水準を国防するために超Aクラスのダンビラをそろえて磨きあげて目玉をギョロつかせていただけのことではないか。

人に無理強いされた憲法だと云うが、拙者は戦争はいたしません、というのはこの一条に限って全く世界一の憲法さ。戦争はキ印かバカがするものにきまっているのだ。四等国が超Aクラスの軍備をととのえて目の玉だけギョロつかせて威張り返って睨めまわしているのも滑稽だが、四等国が四等国なみの軍備をととのえそれで一人前の体裁がととのったつもりでいるのも同じように滑稽である。日本ばかりではないのだ。軍備をととのえ、敵なる者と一戦を辞せずの考えに憑かれている国という国がみんな滑稽なのさ。彼らはみんなキツネ憑きなのさ。本性はまだ居候の域を卒業しておらず、要するに地球上には本当の一等国も二等国もまだ存在せず、ようやく三等国ぐらいがそれもチラホラ、そんなものだ。大軍備、原子バクダンのたぐいは三好清海入道の鉄の棒に類するもので、それをぶらさげて歩くだけ腹がへるにすぎない。

戦争や軍備は割が合わないにきまっているが、そのために大いに割が合う少数の実業家や、そのために職にありつける失業者や、今度という今度けギャバ族のアラモード、南京虫、電蓄、ピアノはおろか銀座をそッくりぶッたくッてやろうと考えながらサツマイモの畑を耕している百姓などがあちこちにいて軍備や戦争熱を支持し、国論も次第にそれにひきずられて傾き易いということは悲しむべきことではあるが、世界中がキツネ憑きであってみれば日本だけキツネを落すということも容易でないのはやむを得ない。けれども、ともかく憲法によって軍備も戦争も捨てたというのは日本だけだということ、そしてその憲法が人から与えられ強いられたものであるという面子に拘泥さえしなければどの国よりも先にキツネを落す機会にめぐまれているのも日本だけだということは確かであろう。

軍備や戦争をすてたって、にわかに一等国にも、二等国にも、三等国にも立身する筈はないけれども、軍備や戦争をすてない国は永久に一等国にも二等国にもなる筈ないさ。

この地上に本当に戦争をしたがっている誰かがいるのであろうか。

まるで焼鳥のように折り重なってる黒コゲの屍体の上を吹きまくってくる砂塵にまみれて道を歩きながらイナゴのまじった赤黒いパンをかじっていたころを思いだすよ。近所の防空壕で五人の屈強な工員が窒息で死んだ。うららかな白昼、そこを通りかかったら、三人のこれも工員らしいのが火葬にするため材木をつみあげ、その材木よりも邪魔で無意味でしかない屍体をその上に順に投げ落して、屍体の一つがまだ真新しい戦闘帽をかぶっているのに気がついて一人がヒョイとつまみとって火のかからない方へ投げた。雞《にわとり》屋のオヤジがガラを投げこむ石油カンの中に肉の小片を見つけてヒョイとつまんで肉のザルの方へ投げる時でも、この火葬係りほど大らかに自分の所有権を信じこんでいるかどうか疑わしいほどだった。しかし、それを目にとめた私も無感動であった。

あんな時代に平時の冷静と良心を失わない殺人鬼がいて、完全犯罪を行うため人を殺しては痕跡をくらます作業にメンミツに従事していたとすれば不気味な話である。

けれども、現在どこかに本当に戦争したがっている総理大臣のような人物がいるとすれば、その存在は不気味というような感情を全く通りこしている存在だ。同類の人間だとは思われない。理性も感情も手がとどかない何かのような気がするだけだ。しかし私はその実在を信じているわけではない。むしろ、そういう誰かは存在しないのじゃないかと考える。それほどのバカやキ印は考えられない気になるからだ。

けれども、日本の再軍備は国際情勢や関係からの避けがたいものだと信じて説をなす人は、こういう奇怪な実力をもった誰かの存在を確信しているのだろうか。そんな考えの人も不気味だね。同じ不気味にしても、完全犯罪狂の殺人鬼よりもそそっかしくてメンミツでないらしいので、ソラ怖《おそろ》しいよ。

屍体から戦闘帽をもらった火葬係りなどは、明日は自分がその戦闘帽と一しょに吹きとばされてバラバラになるかも知れない無数の迷い子の一人にすぎないのである。彼はまだ生きてたから屍体の戦闘帽をもらっただけのことであろう。戦争とはそういうものなんだ。戦争になってしまえば、そうあるだけのことだ。

戦争にも正義があるし、大義名分があるというようなことは大ウソである。戦争とは人を殺すだけのことでしかないのである。その人殺しは全然ムダで損だらけの手間にすぎない。

〈初出・底本〉「文學界」第六巻第十号〈特輯　再軍備と作家〉欄
文藝春秋新社　一九五二年十月号

読了メモ

記入者	年	評価する・しない	評価する・しない	人には
	／	ページ （上段・下段） 行　目	ページ （上段・下段） 行　目	すすめる すすめない

記入者	年	評価する・しない	評価する・しない	人には
	／	ページ （上段・下段） 行　目	ページ （上段・下段） 行　目	すすめる すすめない

記入者	年	評価する・しない	評価する・しない	人には
	／	ページ （上段・下段） 行　目	ページ （上段・下段） 行　目	すすめる すすめない

記入者	年	評価する・しない	評価する・しない	人には
	／	ページ （上段・下段） 行　目	ページ （上段・下段） 行　目	すすめる すすめない

〈初出・底本〉

初出誌は各作品の末尾に記した。底本には「天皇陛下にささぐる言葉」「天皇小論」は初出誌の復刻版（三人社 2018 年、不二出版 1986 年）、「堕落論」「もう軍備はいらない」は初出誌を用いた。旧字体・旧仮名遣いを適宜改め、振り仮名は補った。

天皇陛下《てんのうへいか》にささぐる言葉《ことば》

2019 年 3 月 16 日　初版第 1 刷発行

著　者　坂口安吾《さかぐちあんご》

発行所　景文館書店　東京都新宿区戸山 1-14-18-409　mail@keibunkan.com
発行者　荻野直人
印刷製本　大日本印刷株式会社　写真：共同通信社（1945 年の霞ヶ関・内幸町付近）

ISBN 978-4-907105-08-2 C0095 Printed in Japan